I0646669

Papá topo
se va de casa

Alex Gut.

PAPÁ TOPO SE VA DE CASA

Edición: Morlis Books™
Diseño de Portada: Barker & Jules Books™
Diseño de Interiores: Barker & Jules Books™

Primera edición - 2020
D. R. © 2020, Alejandro Gutiérrez Muñoz

I.S.B.N. | 978-1-64789-150-3
I.S.B.N. ePub | 978-1-64789-151-0

BARKER & JULES, LLC
2248 Meridian Blvd. Ste. H, Minden, NV 89423
barkerandjules.com

Papá topo
se va de casa

Alex Gut.

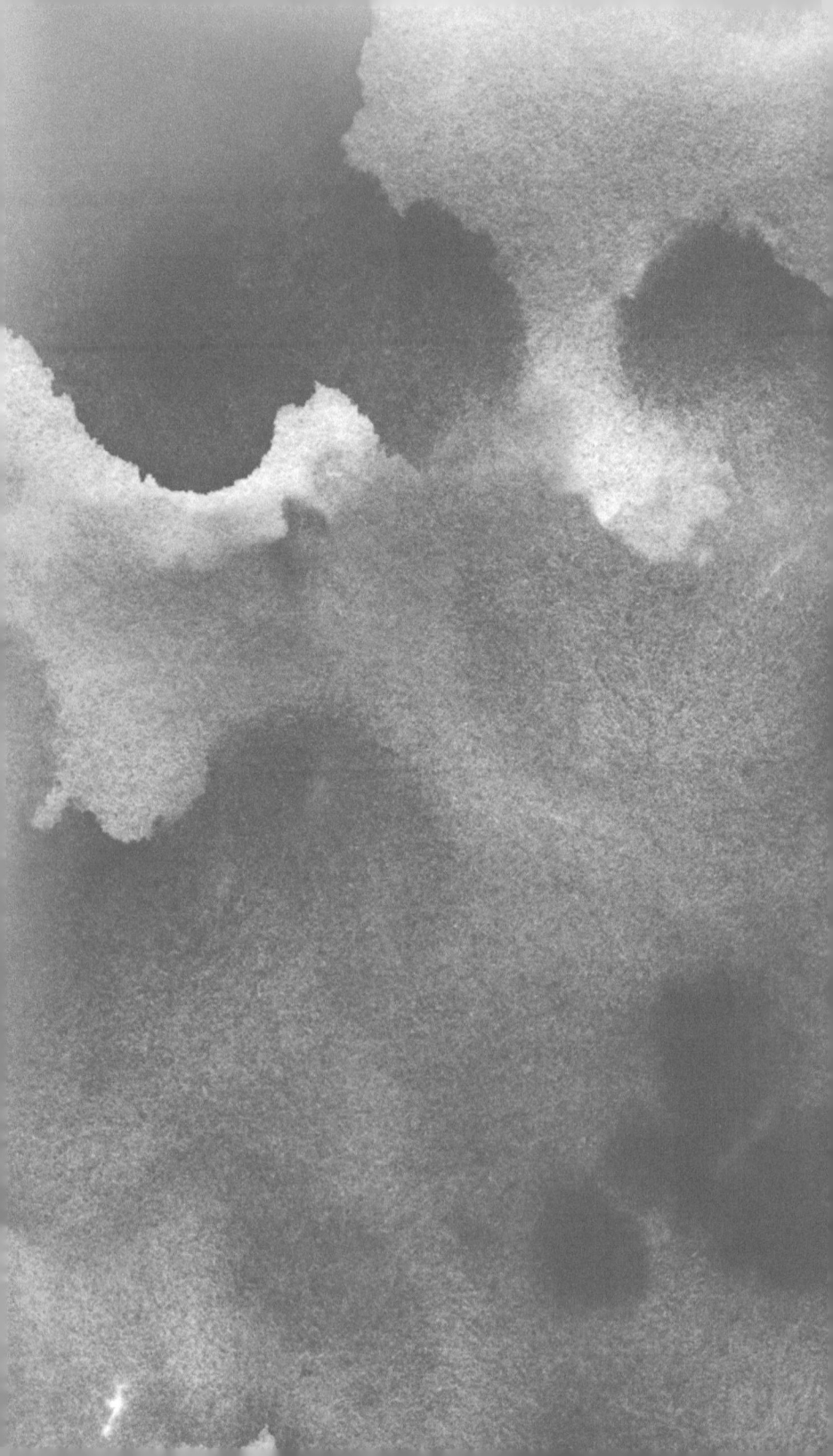

Ilustraciones por
Karen Gutiérrez

La Familia Topo vive en una madriguera desde hace unos años. En ella han crecido los hijitos topo, Ale y Ander, con el cuidado de mamá y papá topo.

Desde hace algún tiempo atrás, al papá y a la mamá topo se les dificulta convivir en armonía y, en ocasiones, han llegado a discutir en frente de sus hijitos Ale y Ander. A ellos les causa mucho miedo que pase esto.

Los topitos aman mucho a sus papás y no saben Ale y Ander como expresar que los quieren a los dos mucho, aunque a veces pelean. El corazón de los topitos está lleno de amor en igual medida para mamá y para papá.

Mamá

Papá

Después de una larga plática entre papá y mamá topo, ellos han decidido que papá se va de casa.

Ale y Ander se preguntan si ellos pueden hacer algo para evitar que esto ocurra. Los topitos aun son pequeños y no saben como expresar su sentir y su pensar a mamá y a papá topo.

Así es que ambos pidieron ayuda al Mago del Bosque para que les ayudara a expresar lo que sienten y piensan.

"Mago del Bosque, Mago del Bosque", dijeron los hijitos topo.

El Mago del Bosque apareció y les dijo: "¿En qué les puedo ayudar queridos Ale y Ander?"

No sabemos expresar lo que sentimos ante la partida de papá, respondieron.

El Mago del Bosque puso su mano en el pecho de Ale y Ander, con magia pudo conocer lo que había en su corazón y les ayudó a reconocer sus pensamientos.

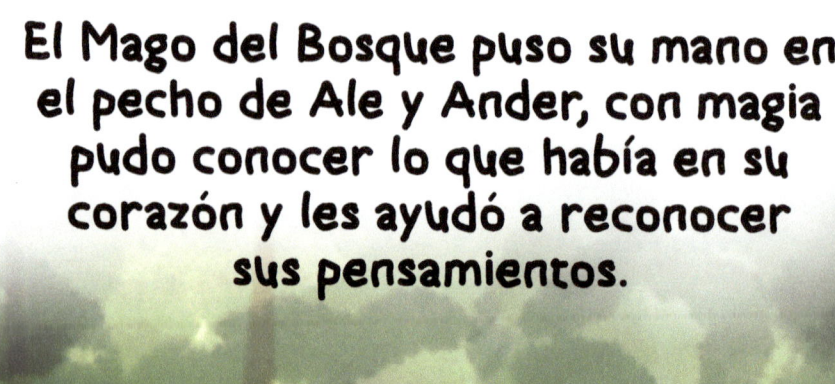

Finalmente, Ale y Ander le preguntaron al Mago del Bosque si las discusiones que tenían mamá y papá eran son provocadas por ellos, a lo que respondió con una sonrisa: "Tengan la absoluta certeza que eso no es así, sus papás los aman mucho a los dos".

Al día siguiente, Ale y Ander,
expresaron a su mamá y papá:

"Nosotros necesitamos de ambos
para crecer fuertes y seguros.
Necesitamos de los dos, porque somos
producto de su unión y su cariño."

Mami: por favor, trata a mi papi con respeto, tú lo elegiste para que yo pudiera nacer, ahora no me prives de su compañía.

Papi: respeta a mi mami para que yo aprenda a tratar a las personas, en especial a las mujeres, recuerda que de ti aprendo más cuando te veo como te comportas, que de las palabras que nos dices.

Mamá di cosas
buenas de él,
es mi padre.

Papá habla
bien de ella,
es mi madre.

Los hijos queremos saber que nuestros padres se aman entre sí, si por cosas de adultos se les ha olvidado que un día se amaron, no se preocupen, honren el amor que un día se tuvieron. Trátense con respeto ante nuestros ojos, enséñenos a tener una vida llena de felicidad y a resolver los problemas hablando, no peleando, aunque no vivan juntos.

Mami: ¿verdad que podemos también convivir con papá, aunque no viva con nosotros? Él es importante para nosotros. Mamá topo respondió: "sí corazones míos, él siempre será su papá."

Ale y Ander se fueron a dormir tranquilos, pues sus papás les responden sus dudas, a expresar lo que sienten y piensan, y ahora saben que ambos estarán en sus vidas para siempre.

Mamá y papá topo, gracias por escucharnos y cuidar nuestra estabilidad emocional, dulces sueños a los dos, pues ambos están siempre en nuestros corazones.